El mayor amor

Cubierta y diseño editorial: Éride, Diseño Gráfico

Primera edición: mayo, 2025

El mayor amor
© María Huertas Calzada
© éride ediciones, 2025
Espronceda, 5
28003 Madrid

ISBN: 979-13-87643-25-6
Depósito Legal: M-9561-2025

 Este libro protege el entorno

El mayor amor

María Huertas Calzada

éride ediciones

María
Huertas
Calzada

María Huertas Calzada, nacida en Ciudad Real el 17 de enero del 2003. En la actualidad cursa estudios de Medicina en las Fuerzas Armadas. Es una apasionada del deporte, de viajar, de la poesía y de disfrutar de las pequeñas cosas de la vida junto a las personas que quiere.

Ya con 18 años y, tras haber obtenido ciertos premios en concursos literarios locales, publicó su primer poemario titulado *Sueña Despierto, Vive Dormido* en el año 2022. En él intenta transmitir a sus lectores las ganas de vivir la vida como el increíble regalo que es y de luchar siempre por cumplir todos sus sueños.

Tres años más tarde nos sorprende con una nueva obra cargada de personalidad y que tiene relación con uno de los pilares más importantes de su vida: la fe en Dios. Con este nuevo poemario titulado *El mayor amor*, nos habla del Amor infinito de Dios, y con él intenta ser tal y como en su momento dijo Santa Teresa de Calcuta «un lápiz en las manos de Dios». La autora afirma el hecho de que, si a una sola persona le sirve el poemario como medio para acercarse más a Dios y a su mensaje, todo el esfuerzo habrá merecido la pena. Ese es su único objetivo, acercar el mayor Amor que existe a todas las personas posibles a través de la poesía.

Prefacio

El Mayor Amor es una muestra del Amor más verdadero que existe. Es un reflejo del Mayor Amor que jamás haya existido… Es el testimonio del amor en un madero, de una cruz de amor apasionado. Vivimos en una sociedad en la que cada vez está más infravalorado el amar, el querer, el ilusionarse, el VIVIR con mayúsculas.

Siempre que lo pienso se me ponen los pelos de punta… y es que no somos conscientes ninguno de nosotros de que Jesús dio la vida para salvarnos. ¿Qué le dirías a alguien que sabes que ha muerto por ti, por el amor que te tenía? ¿Cómo empezarías la conversación con Él? ¿No tendrías mil cosas que preguntar?

Pues sí, Jesús, del que muchas veces ni nos acordamos porque todo nos va genial y a quien otras tantas veces rezamos cuando algo va mal; Jesús, de quien nosotros egoístamente nos olvidamos en muchas ocasiones fue crucificado por ti y por mí… por todos nosotros. ¿Y sabes por qué? Porque te AMA.

Este poemario es una forma de rezar cuando no sabemos qué decir, cómo agradecer, cómo pedir… Muchas veces la música o la lectura pueden ser también formas directas de conectarnos al wifi del cielo. A ti que estás en estos momentos leyendo estas páginas solo quiero decirte una cosa: CONFÍA EN ÉL. Porque la vida que te ha dado es el mayor regalo que recibirás nunca; porque hay que ser un loco y apasionado del amor en mayúsculas; porque veas en todo lo que te rodea el rostro de Dios crucificado; porque Él sea el centro de tu vida y tu mejor amigo, pero también tu Padre y tu mayor apoyo; porque este poemario te acerque más a Dios… a su amor y a su forma de vivir… De vivir siendo un auténtico disfrutón de la vida y del amor hacia todo y hacia todos.

Antes de empezar a leer no te olvides de que Dios te ama. Eres su ojito derecho.

A todas las personas que son perseguidas por sus creencias religiosas.

A todas las personas que lo están pasando mal.

A Blanca, que con tanto mimo me ha ayudado siempre.

A mi familia y amigos, que siempre están ahí para apoyarme.

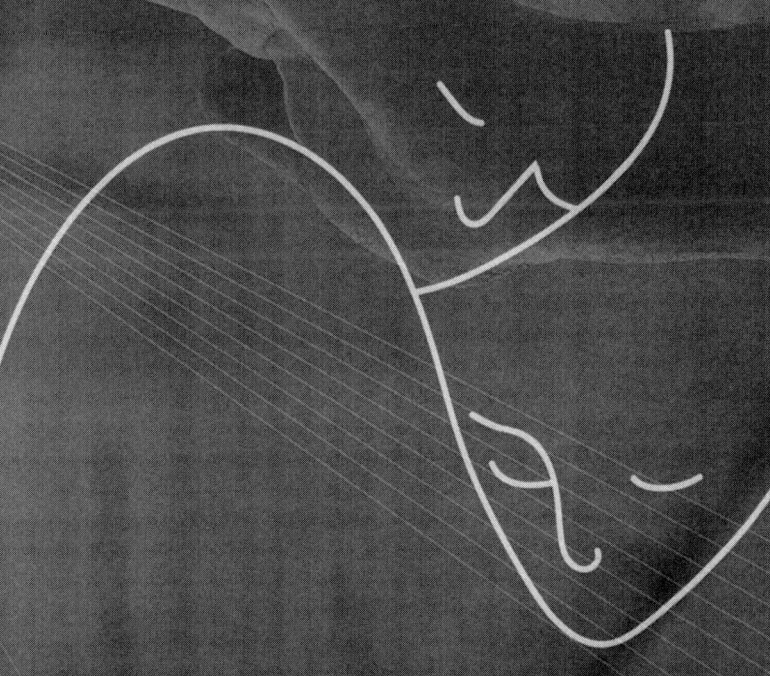

Primera Parte

El mayor amor

EL MAYOR AMOR

El mayor amor;
el mayor amor es el morir en la cruz entregado,
es el salvar al orbe por un querer apasionado,
es la cruz que sostiene a mi Dios, de todos enamorado.

El mayor amor;
el mayor amor es el incondicional, el del silencio ahogado,
es el dar todo cuanto se tiene por el necesitado,
es la pasión del madero en sangre bañado.

El mayor amor;
el mayor amor es el de mi Dios vivo y resucitado,
es el amor de mi Dios por el mundo enamorado,
es el amor más grande del que te pueden haber hablado.

No hay nada más grande;
el amor de mi Dios en la cruz clavado.

El principio y fin.
El alfa y omega.
El primero y último.
El Padre, Hijo y Espíritu Santo.

El ser tres en uno.
El Maestro y servidor.
Mi Dios hecho hombre.
La sal y luz del mundo.

El Amigo que nunca falla.
El atender al necesitado.
El vivir de Resucitado.
Un madero de amor entregado.

Es la poesía del Señor en su cruz enamorado.

TE HE DESCUBIERTO

Te he visto Señor, te he descubierto.
Te he sentido Señor, soy tu testigo.
Te he escuchado Señor, hágase tu voluntad conmigo.
Te he vivido Señor y mi vida, un sueño tuyo ha sido.

Te he visto en mi prójimo y hermano,
en la fuerza del joven de carisma voluntario,
en la sonrisa del mayor del vecindario,
en el gesto de ayuda altruista y dadivoso,
en el sagrario de tu templo bienaventurado,
en el alma del Hijo en la cruz enamorado.
Te he visto Señor, te he descubierto.

Te he sentido Señor, en el latir de mi corazón penitente,
en la fuerza al alba del Sol ardiente,
en el beso sincero de amor apasionado,
en los brazos que tomaban mi cuerpo derrotado,
en la salida que del mal me ha rescatado,
en el amor que un alma desnuda ha conquistado.
Te he sentido Señor, soy tu testigo.

Te he escuchado Señor, en el susurrar del viento en mi oído,
en el repicar del campanario desdichado,
en el escurrir de tus sollozos, sobre el ventanal cautivado,
en el alma clamorosa del más necesitado,
en el piar del colibrí vespertino y agitado,
en el amor vivo de tu canto proclamado.
Te he escuchado Señor, hágase tu voluntad conmigo.

Te he vivido Señor y Tú has sido mi pensamiento.
Has sido el oxígeno, de mi respirar continuado,
has sido el alimento, de mi hambre no saciado,
has sido el amigo, de mi corazón desdichado.
Has sido mi Dios, Padre, Amigo y Hermano.
Lo has sido todo, y yo, parte del todo he sido.
Porque te he vivido Señor, y mi vida, un sueño tuyo ha sido.

Señor, que tienes potestad sobre todo lo que colma la Tierra.
Señor, que pintaste el Universo y sus confines.
Señor, que das fe a las almas desdichadas.
Señor, que vida nos das, desde la cruz enamorada.

Señor, que en tus manos alfareras y creadoras,
el barro tornas en cántaros relucientes y lujosos,
el agua mudas en océanos de vida dadivosos,
la tierra tornas en globos terrestres suntuosos.

La luz vuelves en miles de astros fulgentes,
el tiempo mudas en lustros, siglos y milenios silentes,
la arena creas en desiertos escondidos y ardientes,
la muerte vuelves nada, con susurro de amor latiente.

En tus manos valientes y animosas,
donde tantos hijos sostienes, proteges y atiendes.

En tus manos humildes y fervorosas,
donde sostén encuentran las almas penitentes.

En tus manos llenas de vida y amor, de amor viviente,
 y en tu tacto de Padre presente,
encomiendo mi alma y mi vida;
ellas entrego en tus manos, Señor, por siempre.

Quiero Padre Amar,
deseo querer hasta que estallar mi corazón pudiera.
Quiero mi Dios Amar,
deseo darme hasta gastarme y morir, si preciso fuera.

Quisiera Padre romper mi alma en pedazos,
y uno a uno entregarlos, a todos mis hermanos.
Quisiera mi Dios tener un corazón a cachos,
para repartir amor entre los que buscan cariño, desamparados.

Quisiera Padre, tanto amar a la gente que doliera
[desmesurado.
Quisiera mi Dios repartir un alma de amor llena,
entre los que cuidaré algún día, desde tu reino estrellado.

En el despuntar del día, calmada se hallaba mi alma,
cuando un susurro de armonía, en mi oído murmuraba.
En el crepúsculo de la mañana boyante y floreciente,
Él fue el primero que al amanecer me abrazaba.

Lo abrazaba, y mi alma latiente ardía.
Lo escuchaba, y mi oído incandescente oscilaba.
Lo soñaba, y mi mente sosegada amanecía.
Lo sentía, y la muerte era vida si Él llegaba.

Él es aurora que al Sol despierta,
Él es verdad que al mal entumece,
Él es de las naciones la fuente cierta,
Él es silencio que todo estrépito ensordece.

Es la unión del cónyuge enamorado,
es el amor del madero y la sangre derramada,
es el amigo que tu cuerpo sostiene a cada paso,
es la imagen del divino Dios, encarnada.

Él es música de armonía deleitosa,
Él es Salvador de todo el orbe existente,
Él es maná que mi alma aviva y acongoja,
Él es mi Dios, mi alma y referente.

Que en mí, el haz de Tu luz acreciera,
y en tus manos yo lo soltara, Señor de mi vida,
para que hagas de este alma risueña y pasajera,
un lápiz en tus divinas manos intuitivas.

No olvides que Dios te ama como eres,
no olvides que sin pedir nada, te ha dado todo cuanto tienes,
no olvides que Él siempre está ahí, aunque tú lo descuides,
no olvides que murió en la cruz pensando en ti.

No olvides que su mayor deseo es tu felicidad,
y que nosotros nunca decimos: «Espero Señor, que seas feliz».
No olvides que mientras el hombre quiere hacerse un dios,
Dios se hace niño para traernos un mundo de eternidad.

No olvides decirle que le amas.
No olvides agradecerle todo lo que te da.
No olvides pedirle aquello cuanto requieres.
No olvides hablar con Él, pues siempre Él para ti estará.

Dime si no es extraordinario,
si no es una locura el morir en la cruz enamorado.
Dime si acaso crees que hay muestra de amor más verdadera,
si hay un segundo en que no te sientas por Él amado.

Dime si has visto un ejemplo mayor de vida,
que la de Jesús, mi Dios y Mesías.

Desde su infancia al lado de José y María,
al agua convertida en vino, en vino de nueva vida.
Desde las parábolas de hermanos y ovejas perdidas,
a la curación de la ceguera, el poder de la fe intuitiva.

Desde la pesca de discípulos amados,
a los panes en el campo por cien multiplicados.
Desde el perdonar setenta veces siete,
al siempre estar con el más necesitado.

Desde el sentirse abandonado y traicionado,
a confiar en la voluntad del Padre amado.
Desde el tanto amar al mundo,
a morir en la cruz por ti enamorado.

Desde el volver a vivir para salvarnos,
a prepararnos un hueco en el cielo a su lado.
Desde el siempre estar con nosotros presente,
a manifestarse en su divino cuerpo consagrado.

Ahora ven y dime si no es extraordinario.
Dime si no es asombrosa la vida que nos ha mostrado.

Aun con dudas Padre, yo te amo.
Aun con titubeos, sé que estás a mi lado.

Haz que en mi debilidad, vea tu rostro de enamorado.
Haz que cuando dude, me empuje la fe que me has dado.
Haz que ante la falta de convicción, me guíe tu cayado.
Haz que aun con vértigo, sea tu seguidor más entregado.

Que en mi frustración, sienta tu dolor de crucificado.
Que en mi debilidad, sienta tu fuerza de Dios encarnado.
Que en mi fatiga, sienta tu poderoso amor iluminado.
Que en mi dolor, sienta tus manos, en mis sollozos
                                            [cautivados.

Gracias porque aun con dudas Señor,
aun cuando más te he fallado,
Tú siempre en tus brazos me has llevado.

Sanctasanctórum, ¿para qué estoy aquí?
Necesito descubrir la misión que tienes para mí.
Sanctasanctórum, ¿qué vocación me hace feliz?
Tengo miedo de fallar y nunca llegar a discernir.

Quiero abrazarte para así encontrarme,
y fortalecerme besando el madero de la cruz.
Quiero enamorarme de la vida que me has dado,
y ser un fino resquicio de tu luz.

Quiero enseñar, ilusionarme, errar, llorar,
compartir, divertirme y perderme para volver a empezar.
Quiero aprender, ver lo grande en lo pequeño,
tener fe, humildad y siempre por ti dejarme llevar.

Sanctasanctórum, ante ti hoy arrodillado,
pongo esta vida, para que le muestres
el camino, que para ella has soñado.

Dicen que es el mayor misterio planteado,
cuentan que sin amor, jamás será dilucidado.
Aseguran que la fe es su más fiel aliado,
explican que hay que abrirse a lo inesperado.

Dicen que son tres en uno, en uno tres aunados.
Que el Padre te abraza desde un cielo estrellado,
que el Hijo murió en la cruz por ti enamorado,
y que el Espíritu Santo te sacará de todo lo penado.

Dicen que es un misterio inverosímil, descabellado,
y cuentan que loco es quien crea tal concepto disparatado.
Aseguran que nunca podrá ser por humanos descifrado,
y explican que todo aquel que lo acoge, queda maravillado.

Porque aunque no entienda,
te pido me abraces Padre, desde el cielo despejado.
Porque aunque no pueda explicar,
te pido Jesús descubrir, el amor del madero enamorado.

Aunque sea incapaz de comprender,
te pido Espíritu Santo, que avives mi corazón callado.
Que en mi debilidad Señor,
refugio encuentre en tu Secreto mejor guardado.

Me caigo y siento frío Padre.
Me pierdo y no sé cómo resguardarme.
Me hieren y siento dolor Señor.
Me critican y no sé cómo encontrarme.

Estoy en lo peor Padre,
y lo que más me duele, es no escuchar tu voz.

Si acaso con un susurro tuyo yo sintiera,
el amor entregado en la cruz de madera.
Si acaso con una señal tuya yo entendiera,
por qué tanto dolor, ¿qué me espera?

Estoy en lo peor Señor,
y lo que más me duele, es no escuchar tu voz.

Necesito que seas los brazos que me arropen,
que seas el beso del Sol en mi despertar.
Que aun cuando más perdida esté y te haya podido fallar,
Tú siempre seas mi luz, mi pensar y mi caminar.

XIII
SILENCIO

Silencio.
Escucho tu susurro en el colibrí agitado.
Siento tu calor en los rayos del Sol despertado.

Silencio.
La vida vuelve a empezar, Dios me da un día regalado.
Siento que me ama, en un sosiego desbocado.

Silencio.
Me cuesta Señor no hablar, no poder preguntar.
Son tantas las preguntas que te haría, sin dudar.

Silencio.
También es cierto que confío en tu Sueño.
Y en silencio te escucho Padre; hágase tu voluntad.

Compartí contigo todas mis ilusiones y mis miedos,
te confié mi vida y todo cuanto tengo.
Fuiste el único que nunca me había dejado,
hasta que te llevaste, a quien más amaba en la Tierra,
y con él mi corazón en sollozos, desgarrado.

Me alejé de Ti y culparte quise del pasado.
Desconfié y creí que me habías abandonado.
Tuve la mayor crisis de fe que nadie haya imaginado.

Todos los días envuelta en agua amanecía,
hasta que me di cuenta que eran tus ojos empapados,
tus lágrimas por mí desde un firmamento estrellado.

Entonces comprendí que no te llevaste a mi amado,
sino que cuando él se fue, una nueva vida le habías dado.
Lloraste por él y por mí desde un cielo rasgado,
y alas le diste para cuidarme, para estar a mi lado,
para que cuando muera… me lleve junto a Ti.

Para que me lleve a Tu reino celestial, bienaventurado.

Creer sin ver dicen es de alocados.
Mas, ¿cómo no creer Padre?
¿Cómo no creer al ser testigo,
siendo testigo de un Milagro desbocado?

Creer sin ver dicen es de alocados.
Mas yo he visto a gente tan cercana
recuperarse, cuando en lo peor han estado,
que, ¿cómo no ser seguidora del Resucitado?

¿Cómo no Creer si escuchabas mis rezos,
si me arropabas al abrigo de un cielo nublado?
¿Cómo no creer si cuando no había esperanza,
eras Tú quien mi corazón hacía latir, acompasado?

Creer sin ver dicen es de alocados.
¡Pero yo he sido testigo de algo tan milagroso!
Ciencia o casualidad para los menos disparatados;
para mí… milagros de Dios desde un madero grandioso.

Por la calle un día alguien pude encontrar,
que llamó mi atención con su mirada peculiar.
Pensaba que lo conocía de toda la vida,
mas nunca lo había visto antes, sin dudar.

Me pidió algo para para poderse abrigar,
para pasar la noche y poderse alimentar.
Como de costumbre, yo iba con prisa, sin respirar;
pero algo me hizo parar y su historia querer escuchar.

Le invité a cenar, acogiéndole en mi humilde hogar,
¡cuánto aprendí de él, cuánta bondad!
Fue algo mágico y misterioso, tanta luz de forma tan fugaz,
y no lo comprendí, hasta que un día mi alma quiso expirar.

Al llegar al Cielo me encontré
con aquella persona tan peculiar.
Y resultó ser mi Dios, con esos ojos…
ojos de amor sin cesar.
Con lágrimas me dijo al verme llegar:
Gracias porque un día me diste ilusión y caridad.

Entonces comprendí que Dios está en todas las personas;
está en quien ayudas y en quien desprecias con frialdad.

Como el pastor necesita sus corderos,
o el pescador a los peces y su barco velero.
Como el arquitecto necesita sus cimientos,
o el músico a su más querido instrumento.

Así como todo discípulo no es sin Maestro,
o todo fiel no es sin su Dios.
Así como el Sol necesita de la Luna,
o como el frío requiere del calor.

Así como todos dependemos de algo,
yo te necesito a Ti, Señor.
Te necesito como el aire al respirar.
Te necesito como la cruz el Resucitar.

XVIII
CONFESIÓN

Perdón Padre porque a veces no me entiendo,
porque soy tan pecador, ¡tan imperfecto!
Perdón Padre por todas mis culpas, mis flaquezas,
porque tropiezo siempre en la misma piedra.

Perdón Padre por la envidia, la insolencia;
por olvidar que el amor es lo primero.
Perdón Padre por la avaricia, la apariencia;
por descuidar al prójimo y a los que más quiero.

Perdóname Padre por el desinterés interesado,
por deber ser feliz y sentirme desgraciado.
Perdóname Padre por el tiempo malgastado,
por a veces dudar del madero enamorado.

Hoy quiero pedir por una persona muy especial.
Alguien que todavía no se me ha presentado,
a quien espero con el corazón de par en par abierto,
por quien llevo una eternidad esperando.

Hoy quiero pedir por una persona muy especial.
Aquella que el amor de Dios en su vida me traerá,
con quien pueda compartir y confiar,
con quien sea yo misma, libre de amar.

Hoy quiero pedirte Padre por ese alma tan especial,
la que me quiera en la salud y en la enfermedad,
la que me haga reír cuando solo quiera llorar,
esa que sea el reflejo de tu amor y a quien pueda llamar
                                        [hogar.

Señor, se ríen, se burlan… no son capaces de entender.
No entienden que crea en ti sin haberte apenas conocido,
que viva intentando cambiar que los rivales sean amigos,
no entienden qué es eso de que el amor sea un tipo de camino.

Y ahora soy yo la que río,
la que alegre ante ellos sonrío.

Porque no saben que veo tu rostro,
cada vez que miro a alguien en mi recorrido.
Porque no entienden que la paz,
es un triunfo del amor y yo su testigo.

Porque no entienden que siento que me amas,
que siento que me cuidas desde la cruz enamorada.
Porque no saben cuan vacíos están,
y piensan que lo mío es locura, una fe disparatada.

Y ahora soy yo la que río,
la que, ante la burla, alegre sonrío.
Porque no necesito más,
solo tu mirada desde el madero bendecido.

XXI
VACÍO

Como un manantial en la época de estío,
como un arbusto en terreno baldío,
como una luz en un cajón húmedo, frío.
Como mi corazón sin ti Señor; Vacío.

XXII
MADRE

Madre, gracias por ser mi confidente;
gracias por serlo todo, por tanto quererme.
Madre, gracias por ser mi intercesora;
gracias por dármelo todo, por tanto protegerme.

Gracias por brillar más que cualquier aurora,
para guiar mis derroteros y nunca detenerme.
Gracias por ser la Madre que más llora,
por levantarme cada vez que pueda caerme.

Gracias por ser mi mayor ejemplo,
por ser la valentía de un Sí redentor.
Gracias por dar vida a mi Dios y Salvador,
por ser la Madre que siente latir mi corazón.

Hoy quiero Padre escuchar tu voz,
no quiero que mi rezo sea tan solo petición.
Hoy quiero Padre que el protagonista seas Tú,
quiero oírte desde el madero de tu cruz.

Hoy quiero mi Dios vivir el silencio,
para escuchar tu susurro de luz.
Hoy quiero mi Dios acompañarte en sosiego,
para ser testigo de tu más divina cruz.

Creo Señor, creo muy sencillamente,
que hay que buscar la alegría misionera.
Creo Señor que tu amor es sorprendente,
la gratitud más grande para cualquiera.

Tengo fe Señor en atreverme y rechazar el miedo,
en que tan solo en equipo alcanzaré el cielo.
Tengo fe en el arte de vivir sin historias,
solo bailando, alegrando, ilusionando… amando.

Creo Señor, aun con vértigo, miedo y dudas,
y quiero que seas TÚ siempre de todo el centro.
Tengo Fe Señor en ser por y para todos,
y quiero que seas TÚ siempre mi mayor luz, mi mayor deseo.

DIÁLOGO CON DIOS

—Despierta hijo, ¿qué te ocurre?

—Me pasa Padre que siento que no valgo,
que todo por cuanto lucho es un sueño vano.
Y que nunca podrás estar orgulloso,
de la persona en que mi alma ha mudado.

—Pues cierto es que no solo estoy orgulloso,
sino también admirado y por ti ilusionado.
¿Crees que no percibo cuánto amas, cuánto quieres,
que darías todo cuanto tienes por el necesitado?

—Pero nunca es suficiente Padre para arreglar
este mundo triste y desconsolado.

—Para mí lo más grandioso es el gesto más mundano;
el que cojas de la mano a tu abuela, en el atardecer
[desbocado,
el que sonrías, a pesar de querer llorar desconsolado,
el que creas en mí y en el proyecto que por ti he diseñado.

Para mí eres único, eres mi tesoro más preciado.
Solo te pido que confíes y que lo dejes todo en mis manos.

—¿Y cómo saber para quién soy yo, Padre?
¿Para aquello que fui creado?

—La respuesta no es única hijo,
tú vivirás el camino que quieras, el que guíen tus pasos,
tú podrás cumplir tus sueños si confías en ti mismo,
y encontrarás más amor que nunca siendo testigo del
[Resucitado.

Aparecerá en tu camino alguien
que te hará ser mejor, ser tú mismo, estar enamorado.
Habrá personas que estarán por siempre,
cuando estés en lo mejor y también derrotado.
Otros que parecerán amigos,
pero que luego te hieren, te dejan el corazón rasgado.
Y gente que será parte de tu vida,
y tú serás luz y suerte para ellos, escapulario.

Ahora ve y vive como si hoy fuera tu último día,
en el mundo que llamas desconsolado.
Vive y da testimonio y yo te prometo hijo,
que tu Sueño tan solo ha comenzado.

¿POR QUÉ HAY TANTO MAL?

—¿Padre estás ahí?
Pues tengo tanto que preguntar…
Tanto que hablar, que cuestionar,
que no sé siquiera por dónde empezar.

—Aquí estoy hijo para abrazarte,
para darte respuesta, para hablar.
Siempre estoy aquí para guiarte,
para verte crecer y progresar.

—No entiendo Padre por qué hay tanto mal,
por qué el odio, reina en un mundo
lleno de prejuicios, de calamidad.

—Hay mucho más amor que odio hijo,
te lo puedo asegurar.
Mas el mal hace mucho ruido,
y el amor triunfa en lo sencillo con humildad.

No creas que a las personas les gusta odiar,
es tan solo que se han olvidado de amar.
Y ahí es donde tú que me conoces,
el corazón de esas personas debes hacer recordar.

Una persona no puede cambiarlo todo,
pero tú, hijo mío, puedes ser luz y sal.
Puedes hacer pequeños grandes cambios,
puedes mostrar lo que es amar de verdad.

—¿Y por qué te llevas a la gente que amo,
a las personas a veces de esa forma tan fugaz?

No entiendo Padre,
por favor ayúdame a vislumbrar.

—¿Tú crees que yo me llevo a la gente, hijo?
Pues yo lo que hago es daros la vida,
cuidaros, amaros y desde el cielo por vosotros velar.

Pero a veces el odio humano comete injusticias,
la falta de amor genera desgracias,
la enfermedad hace que todo sea efímero, fugaz.

No quiero que pienses que soy yo el que decide eso.
Yo os amo y cuando vengáis a mí,
os estaré esperando en la nueva vida,
con un te quiero de corazón, con amor de verdad.

XXVII
DUDAS DE AMOR

—No me quieres Padre, siento que me has abandonado.
No estoy bien Señor, me encuentro derrotado.
Y lo peor es que al caerme no me has levantado,
no has caminado conmigo cuando peor he estado.

—¿Cómo puedes decir eso hijo,
si te amo más que a nada,
si siento tus caídas con más fuerza
que los clavos en la cruz enamorada?

—Al levantarme de la caída, Padre,
entre lágrimas, empapado,
me di cuenta que en el camino
solo había dos huellas reflejadas.

—Esas dos huellas hijo eran mías, de mis pies, eran mi pisada.
Cuando Tú pensabas que solo caminabas,
era yo quien en brazos te cogía y te llevaba,
siendo mis manos las que con amor secaban tu cara mojada.

Segunda Parte

Año Litúrgico

un año litúrgico
a los pies de tu cruz

Navidad es nueva vida, es Nacimiento.

Es el latir de un divino llanto entre pañales,
es el oro de la realeza, con humildad engalanada,
es el incienso de gloriosos cantares,
es la mirra del dolor en la cruz enamorada.

Polvo eres y en polvo te convertirás.

Comienza el tiempo de ser y confiar,
de cambiar, mejorar, ser libre y progresar.
Empieza el camino de amar, vivir, ilusionar,
de creer, valorar, agradecer y junto a la cruz caminar.

Tiempo de ayuno, de renuncia,
de privarme de un antojo caprichoso,
de sentir lo que es la abstinencia,
de creerme siempre tan dichoso.

Tiempo de oración, de implorar,
de hablar, de conversar y de rezar.
De confesar mis flaquezas, de dudar,
de estar junto a la cruz y saber escuchar.

Tiempo de dar limosna, de ser testigo,
de la ayuda, la entrega y la caridad,
de ser el reflejo de un Dios Vivo,
para todo aquel sumido en la oquedad.

Porque eres polvo y en polvo te convertirás.

¿Acaso soy digna de tal visita, de tu amor?
¿Quién soy para que venga a verme mi Señor?
¿Quién soy para recibir tu saludo, tu bendición?
¿Acaso soy merecedora de recibir tu Salvación?

Miro el olivo de hoja imperecedera,
y recuerdo el amor en la cruz de madera.
Miro el olivo de plata rasgado,
y recuerdo que por envidia fuiste entregado.

Miro el ramo de olivo que hoy te recibe fervoroso,
y que mañana te entregará con ardor clamoroso.
Miro y hoy sabiendo, perdón te pido,
porque quien hoy te recibe, gritará para verte cautivo.

Comienza la Santa Semana del Señor,
empieza mi alma a vivir tu procesión.
Comienzan siete días de pasión, de amor,
empieza la semana de la muerte y la resurrección.

Siete días caminando a la sombra de tu luz,
siete noches rezando arrodillada ante tu cruz.
Que esta Semana Santa Señor,
la única y verdadera procesión seas Tú.

Un beso de ingratitud, de alevosía,
una envidia letal de tentación impotente,
un talego de plata, pura cicatería,
un beso que la Vida vendió siendo consciente.

Un Hombre prendido y maltratado,
por poderes terrenales, anodinos.
Un Hombre humillado y afrentado,
por la osadía del poder, del ser mezquino.

Un Hombre juzgado y acusado,
por traer el bien en un mundo de maldad.
Un Hombre traicionado y negado,
por miedo, por querer ocultar la verdad.

Quisiera Señor sentir tu dolor enamorado,
y decirte Padre que te amo.
Quisiera Señor decir que vivo a tu lado
cada humillación sufrida aquel año.

VI
MIÉRCOLES SANTO

Hoy siento tus lamentos, tus dolores,
en el fuste de los hombres pecadores.
Hoy siento tus plegarias, tus oraciones,
en cada latigazo, en tu sangre a borbotones.

Hoy sufro Señor, lloro al verte flagelado,
al ver en tu piel el reflejo de mi pecado.
Hoy tus ojos de Dios enamorado,
ahogan el llanto en carmesí desbocado.

JUEVES SANTO

«Amad al que os odia y os persigue,
amad y quered hasta que duela,
amad al prójimo, al hermano necesitado,
amad al otro como queréis ser amados».

«Amad a vuestro Padre de los cielos,
al amigo que nunca os abandona.
Amad y anunciad sus derroteros,
pues la vida os aguarda su corona».

«Tomad mi Cuerpo en la semilla germinada,
el pan que mi presencia hace renovada.
Tomadlo y sentidlo como fe restaurada,
partidlo para que os de fuerza innovada».

«Tomad mi Sangre, en la vid cultivada,
el vino del que late mi alma entregada.
Bebedlo y proclamadlo junto a la forma consagrada,
y haced todo en memoria de la cruz enamorada».

«Y aquel que quiera ser magnate,
ha de ser el último, de todos el servidor.
Pues maestro es aquel cuyo corazón late,
y que daría su vida para salvar a otros por amor».

Hoy clamo a la vida de la cruz enamorada;
al alma que por la humanidad murió entregada.
Hoy clamo al triunfo del amor crucificado;
al querer hasta el extremo, al sentir apasionado.

Siento mis faltas en tus manos rasgadas,
mis culpas en tu sangre carmesí, debilitada.
Siento tu fe por una sociedad deshumanizada,
tu último suspiro de piedad esperanzada.

Hoy Jesús, lloro junto a tu cruz enamorada,
pues te amo y siento viva tu llamada.

Silencio y soledad.

Un alma que se viste de luto.
Un corazón por una daga atravesado.
La esperanza ahogada,
ahogada sin un resquicio de luz atisbado.

Silencio y soledad.

Nada tiene sentido, si no estás Tú.
La ilusión sigue a los pies de tu cruz.
El amor mira desde un cielo estrellado,
estrellado y en lágrimas por ti rasgado.

Silencio y soledad.

Hoy en la tiniebla Padre, te acompaño.
En la oscuridad Madre, me recojo en tu regazo.
Hoy en la soledad Padre, te doy la mano.
En el silencio Madre, lloro de rodillas a tu lado.

Silencio y soledad.

Traicionado por los hombres y su pecado.
Flagelado, humillado y golpeado.
Muerto en la cruz mi Dios enamorado.
Y al fin… Vivo, Resucitado.

Porque hoy la vida vence toda muerte,
hoy el amor gana sobre el pecado.
Porque mi corazón vuelva a nacer Señor,
junto a la nueva luz del Resucitado.

Miro al cielo, rezo, siento,
siento el amor por el que fuiste entregado.
Miro al cielo, cierro los ojos, pienso,
pienso en tu luz de Dios Resucitado.

Creo Padre y nunca negaré,
que tras esta vida me aguarda tu reinado.
Tan solo te pido mi Dios,
que me guardes un sitio por siempre a tu lado.

Tercera Parte

Vía Crucis

(EL CAMINO DE LA CRUZ)

JESÚS ES CONDENADO A MUERTE

Un rey despreciado, abandonado,
un pueblo que cambia un ladrón por su Señor.
Un gobernador que es influenciado,
el pecado del mundo en un lavatorio de manos.

JESÚS CON LA CRUZ A CUESTAS

Oh Señor, Tú que eres el Hijo de Dios,
al que manda ser crucificado un gobernador.
La ley de la avaricia venció al amor.
Mi Dios al Gólgota, por envidia, con la cruz cargó.

JESÚS CAE POR PRIMERA VEZ

La primera caída es invitación,
invitación a los mansos y humildes de corazón,
pues ellos descansan junto al Señor.

Es la llamada a los angustiados y derrotados,
cuyo alivio reside en el leño del amor.
Es la llamada al descanso de los fatigados,
cuya calma se encuentra junto a Dios.

Un corazón de Madre de arriba abajo rasgado,
un madero que llora clavado en el vendaval.
Oh María, nombrada Madre del discípulo amado,
yo también te acojo como mi Madre celestial.

EL CIRINEO AYUDA A JESÚS A LLEVAR LA CRUZ

Pido Señor el altruismo del cirineo,
para ayudar con la cruz al más desamparado.
Pido Señor la fortaleza de Simón,
para cargar con mi cruz de imperfección.

Pido Padre ser empático como Simón,
y ser para el otro siempre, sin titubeos.
Pido Padre ser yo también Cirineo,
y cargar con la cruz de la pasión.

LA VERÓNICA ENJUGA EL ROSTRO DE JESÚS

El perfume de Betania empapa con suma fineza,
la Verónica es el gesto de dedicación, de delicadeza.
La ternura que mira con un alma de amor llena,
el rostro de infinito amor en un paño de tela.

La segunda caída es de Salvación.
La Salvación del mundo sobre los hombros de Dios;
esos hombros que cargan mis pecados con amor;
ese amor que llena de esperanza un mundo de terror.

Te caes Padre cargando con tantas faltas de desazón…
caes por el pan del que carece el hambriento,
por la casa que le falta al desamparado,
y por la vida quitada de cualquier hijo creado.

Te caes Padre por la persecución de cuantos escuchan tu
[Palabra,
y por aquellos que dicen creer, pero no muestran tu mirada.
Te caes padre por cada uno de nosotros, tus hijos,
para salvarnos, con tu fe de sangre caída, desbocada.

JESÚS ENCUENTRA A LAS MUJERES DE JERUSALÉN QUE LLORAN POR ÉL.

Las mujeres lloran en Jerusalén al paso del Señor.
Son lágrimas benditas, de dolor, de conversión;
son lágrimas que bañan el nuevo Bautismo;
es el agua del llanto, la Misericordia de Dios.

Son lágrimas hacia el leño verde llamado,
a quien hoy ven injustamente condenado.
Son lágrimas hacia el leño seco de la propia alma,
a la vida que renueva el Señor en la cruz enamorada.

JESÚS CAE POR TERCERA VEZ

Uno. Caes para invitarme al cielo.
Dos. Caes para Salvar la vida que poseo.
Tres. Caes por el mayor amor de todos,
caes por el peso de un madero, de amor lleno.

Caes y aun cuando todo parece imposible,
aun cuando quebrado llora el mismo suelo,
o cuando el dolor reflejan tus ojos bellos,
te levantas Señor, venciendo cualquier miedo.

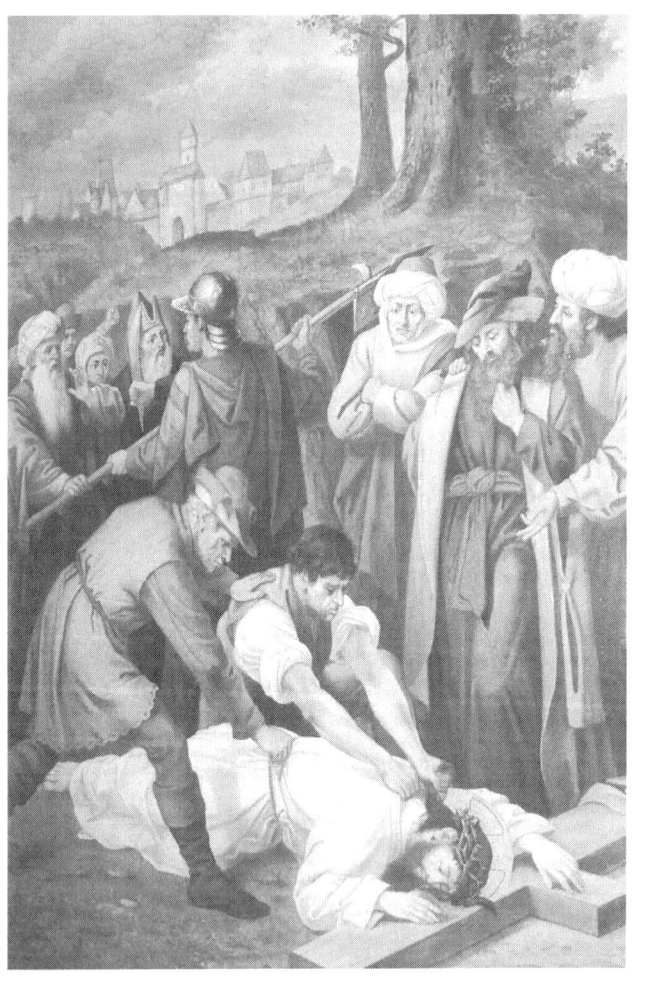

JESÚS ES DESPOJADO DE SUS VESTIDURAS

A suertes fueron repartidas las vestiduras
de un Dios, que por envidia y avaricia
fue humillado, traicionado, desvestido…
despojado de todo y en la cruz clavado.

Sin la túnica empapada por la sangre,
del mayor acto de amor esperanzado.
Yo te abrigo hoy Padre con toda mi alma,
y te abrazo fuerte en un sollozo cautivado.

JESÚS ES CLAVADO EN LA CRUZ

En el centro del Gólgota es crucificado,
entre un bandido altivo y orgulloso
y un ladrón arrepentido y pesaroso.
Allí está mi Dios de manos y pies clavado.

INRI de rey de todo el Universo creado,
de un Señor que muestra
el mayor amor nunca presenciado.

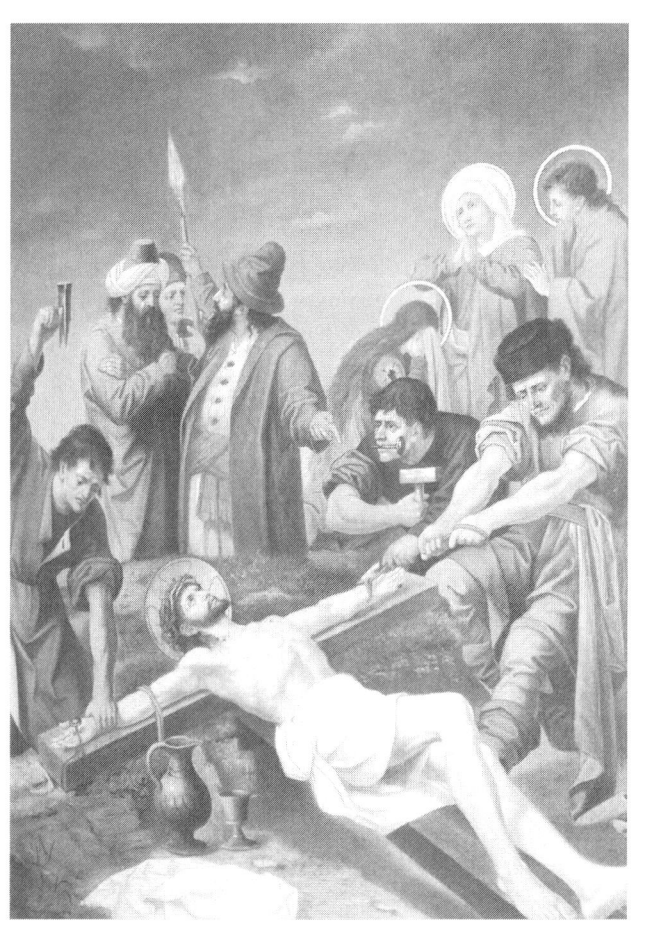

XII. Duodécima Estación
JESÚS MUERE EN LA CRUZ

Sed de Salvación tiene el crucificado,
sed del mayor amor, del testimonio proclamado.
La creen saciada en un hisopo avinagrado,
mas es sed eterna en un madero clavado.

Y cuando ya todo está formalizado,
al fin puede el silencio quebrar,
un suspiro de amor entregado.

Es el suspiro del mismo Dios,
es el expirar del Padre en el Hijo,
por todos nosotros muerto y crucificado.

XIII. Decimotercera Estación
JESÚS ES BAJADO DE LA CRUZ Y ENTREGADO A SU MADRE

El agua que llora aquejado el firmamento,
y la sangre rubí divina y eucarística,
brotan unidas de un costado abierto.
El costado que testimonia el mismo cielo.

Una herida que es la Salvación de los tiempos,
que es la puerta abierta al amor más verdadero.
Una llaga sangrante en el más divino cuerpo,
que es la entrada al mundo más longevo.

JESÚS ES PUESTO EN EL SEPULCRO

Silencio en el sollozo de todo el universo.
Soledad en el vacío de un huérfano madero.
Dios es sepultado esperando a nacer de nuevo,
todas las almas del mundo viven sin consuelo.

Cuarta Parte

Huellas
de
Dios

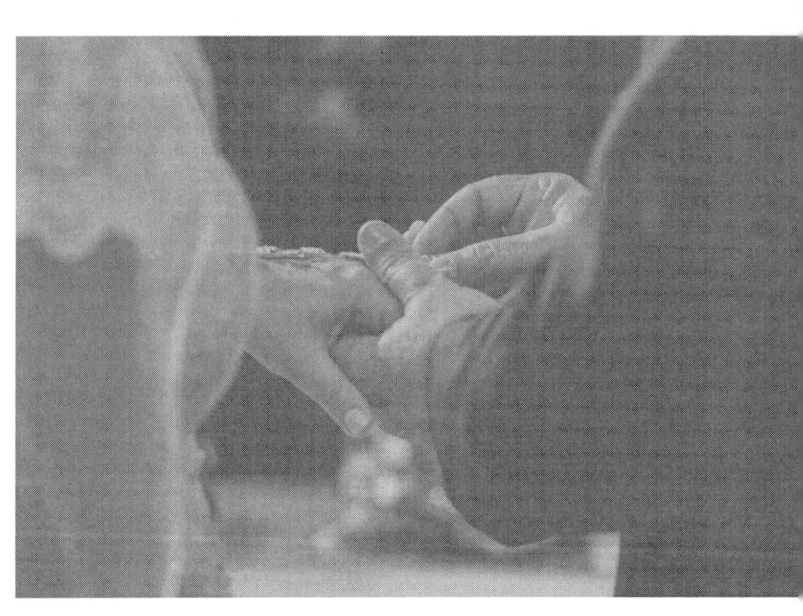

SÍ QUIERO (A todos los matrimonios)

Hoy clamo el sí quiero a que seas mi esposo,
el padre de mis hijos, el fruto de la alegría.
Sí quiero a que seas el rostro de Dios en mi vida,
el amor del alma que late junto a la mía.

Sí quiero a cada instante, cada día;
a las manos que el abrazo hacen seguridad,
a esos ojos que me pierden si me miran,
al sueño que Dios hizo por mí realidad.

Sí quiero en la salud y en la enfermedad,
quiero en la calma y también en la tempestad.
Sí quiero en la riqueza y en la pobreza,
quiero un amor infinito, imposible de acabar.

Sí quiero amarte, cuidarte, respetarte.
Quiero crecer en todo, de tu mano progresar.
Sí quiero quererte, ilusionarme, esforzarme,
quiero una vida entera contigo crear.

Sí quiero Padre hoy ante ti arrodillada,
y también querré desde tu celestial morada.
Sí quiero al hombre por quien rezo enamorada,
Sí quiero Padre… hoy y todos los días de esta, mi jornada.

Es el agua de la nueva vida,
es el sí en un llanto de sencillez.
Es el agua que vence al pecado,
es el sí a la comunidad de la fe.

Es el inicio de todo un camino,
camino de amor a los pies de la cruz.
Es el despertar a la luz de la aurora,
del amor infinito en un resquicio de luz.

Es la caricia de Dios ante los hombres,
es el beso del Padre en el agua del Bautismo.
Es la mirada de Dios ante todos, ricos y pobres,
es el abrazo de Jesús, el inicio al cristianismo.

Es el sí más consciente, más sincero.
Es el querer caminar con el peso de la cruz.
Es la certeza de tenerlo todo y no albergar miedo.
Es el sí a seguir el mayor amor, la mayor luz.

Es el clamor al Espíritu enamorado,
el recibir la fuerza para la santidad atrevida.
Es el Espíritu Santo del Señor entregado,
el confirmar un corazón a Dios sin medida.

Es la comunión con el Dios verdadero,
es recibir por primera vez el Universo entero.
Es la comunión con la sangre del madero,
con el cuerpo clavado del amor más sincero.

Es la comunión con la sangre de Cristo,
la del Hijo de Dios, del corazón más pleno.
La sangre de la cruz, de la Salvación, del consuelo.

Es la comunión con el cuerpo de Cristo,
el cuerpo de los clavos que lloran sufrimiento.
El cuerpo entregado en salvación del mundo entero.

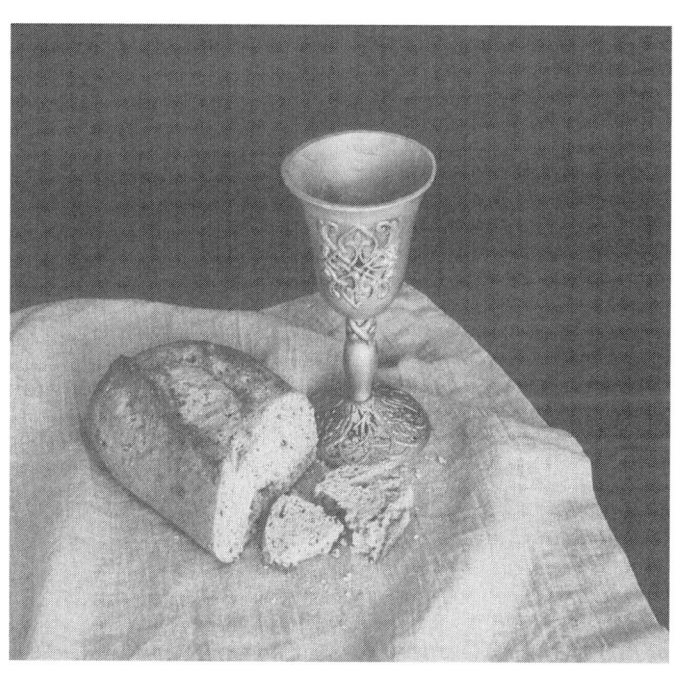

Perdón Padre por todo mi pecado,
por mis sentimientos más mundanos.
Perdón Padre de esta alma pecadora,
que reza al cielo y a la Madre intercesora.

Perdón Padre por todo mi pecado,
por la envidia, la avaricia y la insolencia.
Perdón Padre por no atender al hermano,
por la mentira, la codicia y la opulencia.

Perdón Padre cuando Tú no fuiste el primero,
perdón por el hermano a quien no atendí con esmero.
Perdón Padre clamo hoy al cielo,
para reiniciar una vida de amor y de consuelo.

Es el beso de Dios en el último aliento,
es la caricia de sus manos en el final pasajero.
Es la unción del mayor amor verdadero,
es la mirada que espera al hijo desde el cielo.

Es el beso de Dios en el último invierno,
es la caricia y el calor que se funden en el hielo.
Es la unción del corazón tranquilo y sereno,
es la Peregrinación hacia el lugar más longevo.

ORDEN SACERDOTAL

Quiero Señor ser el ministro del pan consagrado,
el humilde enlace entre Tú y el hombre.
Quiero ser el testimonio de Jesús Crucificado,
el servicio a todos y al más pobre.

Quiero proclamar tu Palabra de sabiduría,
Palabra de luz, de sal, de vida.
Quiero ser el presbítero en la Sacristía,
que te sigue arrodillado… Tú eres mi guía.

Quiero ser misionero en un mundo de flaqueza,
el pastor que guía a sus amadas ovejas.
Quiero proclamar el mayor amor presenciado,
quiero entregar mi vida al Dios resucitado.

(Este poema me gustaría dedicarlo a todos aquellos que tienen la vida consagrada como vocación. En especial a las hermanas del monasterio Cisterciense de Santa María de la Caridad en Tulebras, que con tanto cariño nos acogen siempre que vamos allí)

Vida consagrada de oración,
oración de súplica, de intercesión.
Vida consagrada de silencio,
silencio de escucha, de acompañamiento.

Vida de voto a la pobreza,
pues nada más requiere un alma…
si alberga a Dios, no hay mayor riqueza.

Vida de voto a la castidad,
pues es la virtud, la pureza,
es el ser por y para los demás.

Vida de voto a la obediencia,
pues es la entrega, el servicio, la verdad,
es la abadía en su completa entrega.

Vida de sabiduría y de vocación.
Vida de altruismo y ser para el hambriento.
Vida de cánticos y adoración.
Vida ante la Cruz, ante un Dios de amor sediento.

¿Acaso es posible sentir el mundo entero,
en la mirada y el gesto más pasajero?
¿Es posible inundarse de amor pleno,
arrodillado a los pies de un madero?

¿Acaso me he sentido más amado,
que mirando a los ojos del Resucitado?
¿Acaso es posible sentirme tan completo,
sentirme el hijo de Dios, su ojito derecho?

¿Cómo no contar y proclamar el Mayor Amor,
el más verdadero de todos, el amor más sincero?
¿Cómo no contar que son las Huellas de Dios?
Que son las Huellas de nuestro Padre del cielo

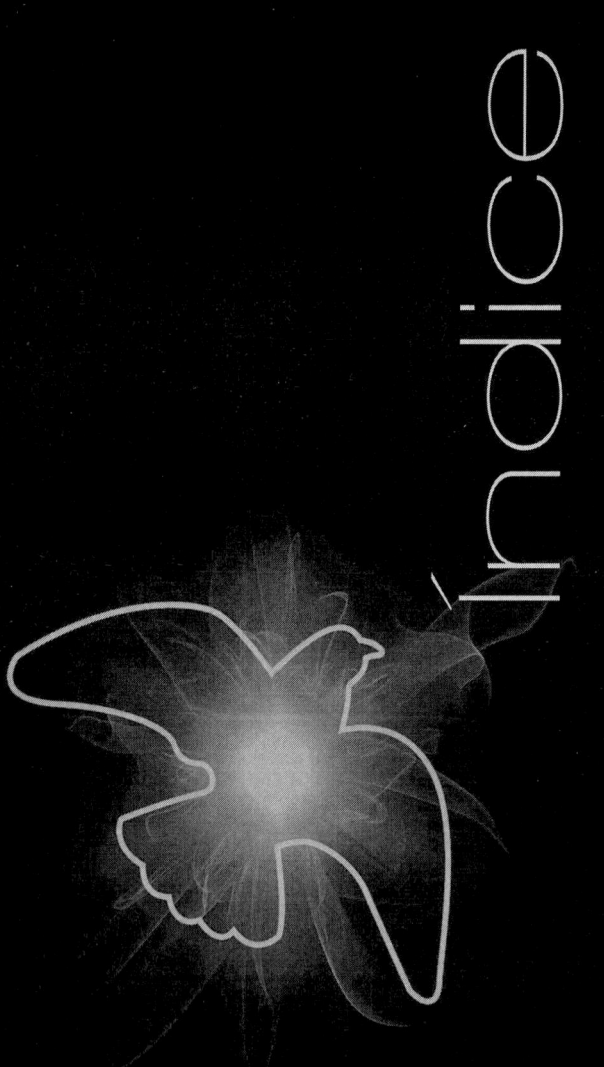

índice

Primera Parte
EL MAYOR AMOR

Segunda Parte
AÑO LITÚRGICO

Tercera Parte
VÍA CRUCIS

Cuarta Parte
HUELLAS DE DIOS

Esta primera edición de *#El mayor amor*
de María Huertas Calzada,
terminó de maquetarse con mucha paciencia y amor,
poco antes de imprimirse,
en mayo de dos mil veinticino,
en Madrid.